D1510555

LA VÉRITÉ SUR LE

POINT

G

COMMENT LE TROUVER

Données de catalogage avant publication (Canada)

Savard, Louise, 1947-

La vérité sur le point G

Nouv. éd.

ISBN 2-7640-0253-X

1. Point G. 2. Sexualité (Biologie). 3. Excitation sexuelle.
4. Femmes - Comportement sexuel. I. Titre.

HQ29.S28 1998   306.77'082   C98-940400-5

LES ÉDITIONS QUEBECOR
7, chemin Bates
Outremont (Québec)
H2V 1A6
Téléphone: (514) 270-1746

© 1998, Les Éditions Quebecor

Bibliothèque nationale du Québec
Bibliothèque nationale du Canada
ISBN 2-7640-0253-X

Éditeur: Jacques Simard
Coordonnatrice à la production: Dianne Rioux
Conception de la page couverture: Bernard Langlois
Correction d'épreuves: Jocelyne Cormier
Infographie: Composition Monika, Québec
Impression: Imprimerie L'Éclaireur

Tous droits réservés. Aucune partie de ce
livre ne peut être reproduite ou transmise
sous aucune forme ou par quelque moyen
électronique ou mécanique que ce soit, par
photocopie, enregistrement ou par quelque
forme d'entreposage d'information ou
système de recouvrement, sans la permission
écrite de l'éditeur.

LA VÉRITÉ SUR LE

POINT

G

COMMENT
LE TROUVER

LOUISE SAVARD

LES ÉDITIONS
Quebecor

Table des matières

Introduction

La sexualité humaine recèle des mystères que des siècles de recherches, d'études et d'hypothèses n'ont sans doute pas encore fini de percer. Depuis une centaine d'années, de grands pas ont toutefois été franchis qui ont ouvert de nouvelles perspectives en cette matière.

Qu'il suffise de rappeler les contributions de Sigmund Freud dont on a remis en cause nombre de ses théories, d'Alfred Kinsey et de ses collaborateurs et de l'équipe de Masters et Johnson. À ceux-ci, il faut ajouter le nom d'Ernst Gräfenberg, le gynécologue allemand qui fut le premier à décrire une zone érogène se trouvant «le long de la surface suburétrale de la paroi vaginale antérieure» à laquelle il fut convenu de donner le nom de point G.

Pendant de nombreuses années, on a contesté, voire ridiculisé, l'énoncé de Gräfenberg. Il aura fallu que d'autres médecins et sexologues poussent plus avant la recherche, mènent des enquêtes et donnent leur aval à la théorie de Gräfenberg pour qu'elle reçût finalement une reconnaissance internationale.

Aujourd'hui, presque personne ne conteste l'existence du point G chez la femme, mais il demeure néammoins un sujet tabou parce qu'il s'inscrit hors des principes culturels et moraux que nous ont inculqués des siècles de religion et de domination mâle. Seule l'information peut briser ces barrières et permettre aux femmes de se débarrasser des mythes avec lesquels elles ont eu à vivre depuis si longtemps. C'est à cette information, tant des femmes que des hommes, que voudrait contribuer, bien modestement, ce livre.

La découverte de Gräfenberg peut se résumer à quelques éléments sur lesquels nous reviendrons en détail dans les chapitres suivants :

— une stimulation appropriée du point G entraîne un ou plusieurs orgasmes chez la plupart des femmes ;

— l'orgasme est accompagné de l'éjaculation d'un liquide par l'urètre ;

— ce liquide a une composition chimique identique à celle du liquide spermatique chez l'homme, sauf, bien sûr, qu'il ne contient pas de spermato-zoïdes ;

— certaines positions favorisent la stimulation du point G ;

— le pouvoir de contraction du muscle pubo-coccygien influe directement sur la capacité de la femme à atteindre l'orgasme.

Ces informations, pour nouvelles qu'elles puissent être pour vous, ne doivent surtout pas engendrer de pressions supplémentaires. L'activité sexuelle doit être une source de plaisir et non une recherche de performances. Il ne faudrait surtout pas croire qu'une femme qui ne parvient pas à l'orgasme et à l'éjaculation par la stimulation de son point G est «anormale». Si ces éléments peuvent constituer un plus dans la pratique sexuelle, tant mieux. Mais il ne s'agit pas de se créer de nouvelles contraintes en croyant que le summum du plaisir passe par là. Ce serait une grave erreur qui viendrait amoindrir le plaisir déjà ressenti.

Quant aux femmes qui connaissent l'éjaculation, il est important qu'elles sachent qu'il s'agit d'une réaction naturelle et qu'il est normal d'aimer cela.

17

Chapitre 1
Un peu d'histoire

Malgré tous les reproches qu'on a pu lui faire, Sigmund Freud a grandement contribué à nos connaissances sur la nature humaine et, en particulier, sur la sexualité. À l'homme fondamentalement rationnel, Freud opposait l'homme dont l'énergie de la pulsion sexuelle, sa libido, guidait l'ensemble de son comportement. Selon lui, l'inconscient — dont l'essentiel est sexuel — est plus déterminant dans notre vie de tous les jours que le rationnel. Cette théorie choqua ses contemporains et lui valut l'exclusion de nombreuses sociétés savantes qui l'avaient accueilli comme un novateur.

Freud a attiré l'attention sur l'importance primordiale des premières années de la vie et il a été le premier à parler de sexualité infantile. Il a élaboré la théorie des complexes d'Œdipe et d'Électre pour démontrer comment le milieu ambiant influençait l'enfant dans son développement.

Le complexe d'Œdipe repose sur le principe que le premier objet érotique du garçon est sa propre mère. Au stade où il commence à prendre plaisir à caresser ses organes génitaux, le petit garçon veut devenir l'amant de sa mère et remplacer son père.

Chez la petite fille, Freud notait une tendance à reprocher à sa mère de lui avoir donné un corps incomplet, puisque sans pénis. En conséquence, elle cherchera à supplanter sa mère auprès de son père. De plus, elle a un désir de pénis quand elle constate que les petits garçons en ont un. Le développement ultérieur de la petite fille doit lui permettre d'en arriver à l'acceptation de ce que Freud appelait une «disposition féminine normale», c'est-à-dire passive, docile et dépendante. Cette infériorité naturelle de la femme allait être à la base des théories de Freud sur la sexualité féminine.

Pour lui, le clitoris est un organe saillant «masculin», un pénis atrophié, diminué. Il est le premier découvert par la petite fille quand elle commence à explorer son propre corps. Mais quand elle devient une jeune femme, elle doit renoncer à son intérêt infantile pour son clitoris et «transférer» le foyer du plaisir sur son vagin puisque celui-ci est un organe récepteur et que la femme est, elle-même, considérée comme réceptrice.

Si une bonne partie des théories de Freud sont communément admises de nos jours, il n'en demeure pas moins qu'il a commis de grosses erreurs qui sont imputables aux limites de ses méthodes d'investigation et de sa conscience. Freud était influencé par son propre inconscient, lié à son passé familial et personnel ainsi qu'au milieu culturel de type patriarcal dans lequel il avait été élevé. Quant à sa méthode d'analyse clinique (des cas réels), elle était bien mince et était loin de représenter l'ensemble de l'humanité.

Les théories des docteurs Horney et Kinsey

Au cours des années 1920, le docteur Karen Horney remit en question l'orthodoxie freudienne. En s'intéressant à la psychologie féminine, elle en vint à tenir compte de la culture qui, à l'époque, contraignait les femmes à s'adapter aux exigences des hommes. Elle bouscula bien des idées en affirmant que, puisque les femmes étaient capables d'enfanter, elles étaient donc physiologiquement supérieures et les hommes leur enviaient cette caractéristique. Elle avança aussi que le vagin, tout autant que le clitoris, jouait un rôle dans la structure génitale infantile de la femme.

Elle s'intéressa, de plus, aux travaux de l'anthropologue Margaret Mead qui, à l'étude des mœurs sexuelles de certaines tribus de Nouvelle-Guinée, en était arrivée à la conclusion que l'aptitude à l'orgasme est une réponse apprise. Selon elle, une culture donnée peut aider ses membres à en développer la capacité ou les en dissuader. Pour développer cette capacité, la femme doit connaître les aspects physiques de ses réactions sexuelles et recevoir une stimulation appropriée.

Le biologiste et sociologue américain Alfred Kinsey entreprit, pour sa part, dans les années

1950, une étude des mœurs sexuelles chez les deux sexes dans le monde occidental. Par une méthode quantitative, il établit que les comportements sexuels varient considérablement au sein même de notre culture. C'est ainsi que des comportements humains dont on n'osait à peu près pas parler, comme la masturbation, l'homosexualité, le coït anal et les relations extra-conjugales, furent présentés au grand jour comme faisant partie des pratiques courantes.

Kinsey commit toutefois une erreur bien involontaire lorsqu'il s'intéressa aux zones les plus sensibles à la stimulation sexuelle des organes génitaux féminins. Cinq gynécologues de son institut examinèrent délicatement, chez plus de 800 femmes, seize points névralgiques. Ils en conclurent que le clitoris était sensible, mais pas le vagin. Or on sait maintenant que les zones érogènes du vagin répondent aux stimulations fortes mais pas aux contacts légers.

Les phases de Masters et Johnson

Masters et Johnson prirent la relève de Kinsey et s'intéressèrent au déroulement des rapports sexuels. Ils publièrent les comptes rendus de leurs expériences en laboratoire. Ils établirent que le cycle de réponse sexuelle se divise en quatre phases : l'excitation, le plateau, l'orgasme et la résolution.

Au cours de la première phase, il y a lubrification du vagin chez la femme et érection chez l'homme par un afflux sanguin rapide vers les zones génitales.

Lors de la phase dite de plateau, les tissus du premier tiers du vagin gonflent et réduisent le diamètre de l'ouverture pour l'adapter à celui du pénis tandis que le clitoris se rétracte et s'enfouit dans les profondeurs du capuchon, pour devenir invisible. Chez l'homme, les testicules gonflent et remontent vers le haut du scrotum. La tension musculaire augmente chez l'un et l'autre des partenaires.

Durant la phase d'orgasme, la femme connaît une suite de contractions rythmées, des spasmes musculaires, au niveau du tiers inférieur du vagin ainsi que des tissus et des muscles voisins. L'utérus se contracte de façon cadencée. Chez l'homme, des spasmes identiques sont ressentis qui mènent à l'éjaculation. Chez les deux partenaires, le pouls et la pression sanguine augmentent et le rythme respiratoire s'accélère.

Au stade dit de résolution, tous les organes reviennent progressivement à leur état de repos.

En établissant les prémisses de leur analyse sur les travaux de Kinsey, Masters et Johnson conclurent que le clitoris jouait un rôle dans l'orgasme et que les différents types d'orgasmes avaient les mêmes effets physiologiques. Tout orgasme chez la femme impliquait un contact avec d'autres parties de l'ouverture du vagin ; il y avait frottement entre le clitoris et son capuchon. En cela, ils se trompaient.

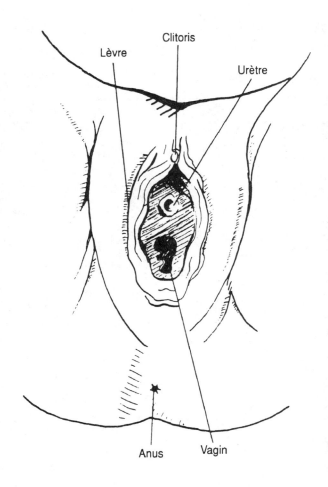

Lèvre

Clitoris

Urètre

Anus

Vagin

**Organes génitaux
externes de la femme**

32

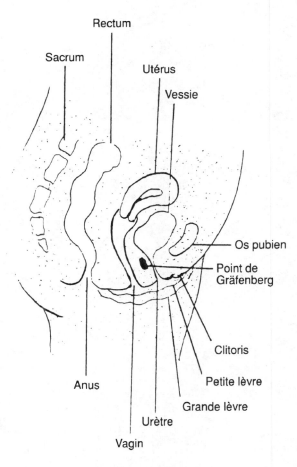

Rectum

Sacrum

Utérus

Vessie

Os pubien

Point de
Gräfenberg

Clitoris

Petite lèvre

Anus

Grande lèvre

Urètre

Vagin

Organes génitaux
internes de la femme

Chapitre 2

Le point de Gräfenberg

Même si l'on mit beaucoup de temps à en admettre l'existence, la description du point G par le gynécologue allemand Ernst Gräfenberg dans les années 1940 venait corriger la théorie généralement répandue que la femme ne possédait qu'un endroit sensible aux stimulations érotiques, le clitoris.

En collaboration avec un collègue américain, Robert L. Dickinson, Gräfenberg décrit une zone érogène se trouvant le long de la surface sub-urétrale de la paroi vaginale antérieure. Elle existe chez toutes les femmes et est entourée de tissus érectiles comparables au corps caverneux du pénis. La stimulation provoquant un élargissement de l'urètre, il devient alors facile de toucher cette zone érogène. La partie la plus sensible se trouve à l'arrière de l'urètre, où elle dépasse du col de la vessie.

Soyons plus précis : le point de Gräfenberg se trouve juste derrière l'os pubien, dans la paroi antérieure du vagin. Dans la plupart des cas, il est à mi-chemin entre l'arrière de l'os pubien et l'avant du col de l'utérus, dans l'urètre et près du col de la vessie, là où il communique avec l'urètre. Sa taille et son emplacement exact sont variables.

Contrairement au clitoris qui est saillant, le point G se tient très en profondeur et à l'intérieur de la paroi vaginale. Il faut donc une pression forte pour le stimuler quand il est à froid. L'endroit où il est situé fait en sorte qu'il est difficile, mais non impossible, à une femme de le découvrir par elle-même. La collaboration d'un partenaire est donc souhaitable.

Découvrez vous-même votre point G

Si vous voulez découvrir vous-même votre point G, il faut que vous sachiez tout d'abord que vous n'arriverez à rien si vous êtes couchée sur le dos. La gravité fait descendre les organes internes et les éloigne de l'entrée du vagin. Une position assise ou accroupie est donc préférable.

La première sensation que vous ressentirez pourrait être une envie d'uriner. Il serait recommandé d'uriner avant d'entreprendre votre exploration.

Pour bien sentir cette zone érogène, tâtez la partie supérieure de la paroi vaginale antérieure en poussant fortement vers le haut. De l'extérieur, avec l'autre main, vous pouvez appuyer vers le bas de l'abdomen, juste au-dessus de l'os pubien. Cette stimulation fait gonfler le point G et vous devriez sentir comme une petite boule entre vos doigts à l'intérieur et à l'extérieur. En même temps, vous éprouverez une forte sensation intérieure qui disparaîtra dès que vous relâcherez la pression des doigts.

Si vous continuez à caresser vigoureusement cette région interne, vous commencerez à éprouver un plaisir discret qui ira en grandissant, et des élancements ou des contractions au niveau de l'utérus. Vous éprouverez probablement le besoin d'appuyer plus fort encore sur le point G et vous ressentirez des sensations plus en profondeur que lors de la masturbation clitoridienne.

Chez certaines femmes, l'orgasme produit par la stimulation du point G provoque l'éjaculation d'un liquide clair, plus blanc et moins odorant que l'urine. Nous reviendrons sur ce phénomène plus loin.

Faites confiance à votre partenaire

Le point G peut aussi être découvert avec la collaboration d'un partenaire envers lequel vous éprouvez une certaine confiance. Plusieurs positions conviennent à cette exploration.

Vous pouvez vous coucher sur le dos et écarter légèrement les jambes. Votre partenaire introduit alors deux doigts dans votre vagin, la paume vers le haut et, de son autre main, il appuie sur votre abdomen tout juste au-dessus du pubis. Avec ses doigts à l'intérieur, il explore alors la paroi antérieure de votre vagin en appuyant fermement. Ne vous gênez pas pour lui faire part de vos réactions et de vos sensations pour qu'il soit en mesure d'ajuster sa démarche selon vos désirs.

Une autre position appropriée consiste à vous étendre à plat ventre en cambrant légèrement les hanches. La participation de votre partenaire demeure la même sauf que, cette fois, la paume de sa main sera tournée vers le bas. Par de légers mouvements du bassin, vous pourrez contribuer à la détection de votre point G. Encore là, n'hésitez pas à lui faire part de vos réactions. Cette position est aussi la plus propice à la stimulation par le pénis.

Enfin, l'autre position que vous pouvez adopter consiste, pour l'homme, à s'étendre sur le dos et, à la femme, à s'asseoir sur le pénis en érection. Vous pourrez alors contrôler votre position pour que le pénis touche votre point G. Dans cette position, la possibilité d'orgasmes multiples s'en trouve accrue.

La découverte et la stimulation du point G ne vont pas nécessairement de soi. Ne vous inquiétez pas si vous n'y parvenez pas du premier coup. Il vous faudra peut-être plusieurs tentatives avant d'avoir une certaine satisfaction. Et si l'exercice s'avère difficile et que vous ressentez de la douleur plutôt que du plaisir, mettez-y fin et remettez cela à une prochaine fois. Par contre, si vous ressentez des sensations agréables, n'hésitez pas à continuer. Ne laissez pas votre plaisir être freiné par des inhibitions sans fondement.

Plusieurs femmes qui ont pris contact avec cette partie très intime de leur corps parviennent à s'exciter par une simple auto-stimulation, en se massant l'abdomen juste au-dessus de l'os pubien.

À chacune sa réaction

Il est important de dire que les réactions découlant de la stimulation du point G ne sont pas les mêmes chez toutes les femmes. Pour certaines, elles seront faibles et pour d'autres, explosives.

Dans certains cas, l'atteinte d'un premier orgasme entraînera le désir de mettre fin à l'expérience. La femme ressentira le besoin de relaxer et de reprendre son souffle.

Chez d'autres femmes par contre, la stimulation du point G déclenchera toute une série d'orgasmes, plus ou moins forts, qui conduira à un plaisir intense.

Il est important de rappeler que la découverte et la stimulation du point de Gräfenberg ne doit pas avoir comme but la recherche de performances. Aucune femme n'est «anormale» parce qu'elle ne parvient pas à l'orgasme, qu'il soit simple ou multiple.

Dans certaines conditions d'ailleurs, il devient difficile, voire impossible, de découvrir le point G et, par conséquent, de le stimuler. C'est le cas, par exemple, des femmes qui portent un diaphragme contraceptif. Le dispositif fait écran devant la zone érogène et empêche le contact nécessaire à la stimulation.

Les femmes qui ont subi une hystérectomie risquent, elles aussi, de ne plus connaître l'orgasme si la zone érogène de la paroi vaginale antérieure a été enlevée lors de l'intervention. Ce n'est toutefois pas le cas de toutes les femmes puisque, dans certains cas, cette zone n'aura pas été touchée.

Si l'une ou l'autre de ces situations correspond à votre cas, il ne faudrait donc pas vous croire anormale si vous ne parvenez pas à découvrir votre point G. Le plaisir peut être atteint de bien d'autres façons. À vous de les découvrir.

Chapitre 3

Le point G et l'éjaculation féminine

Si le point G a été l'objet de controverse dans le monde scientifique, l'éjaculation féminine a mis encore plus de temps à être admise tant par les gynécologues que par la population en général.

Pourtant, on connaît ce phénomène depuis fort longtemps. Aristote en a parlé au quatrième siècle avant Jésus-Christ et Galien a récidivé au deuxième siècle de notre ère.

Chez les Batoro, une tribu d'Ouganda, les jeunes filles ne deviennent aptes au mariage qu'après que l'aînée du village leur eut appris à éjaculer.

Aujourd'hui, moins d'une femme sur deux reconnaît avoir vécu l'expérience et avant de connaître la nature de ce phénomène, la plupart d'entre elles croyaient simplement qu'elles avaient uriné. Il n'en est rien. Le liquide émis par l'urètre, comme le sperme chez l'homme, et qui s'écoule à l'extérieur du vagin par jets en très faible quantité, n'a rien à voir avec l'urine. Il n'en a ni la couleur, ni l'odeur, ni le goût. La description qui en a été faite par des femmes varie d'incolore à clair ou laiteux, mais jamais jaune comme l'urine. Pour ce qui est du goût, les interprétations varient. On a même dit qu'il changeait quatre fois par mois, passant du piquant à l'aigre, puis à l'acidulé et au

sucré avant le début des menstruations.

L'éjaculation, un phénomène ponctuel

Gräfenberg a écrit au sujet de l'éjaculation féminine que « cette éjection convulsive de liquide se déclenche toujours à l'apogée de l'orgasme et peut se poursuivre après. L'observation de l'orgasme chez ces femmes révèle l'expulsion par jets d'un liquide clair et transparent, non par la vulve, mais par l'urètre… Je pense que les prétendues urines qui sont émises lors de l'orgasme sont en fait le produit de sécrétions des glandes intra-urétrales, en rapport avec la zone érogène située

le long de la paroi vaginale antérieure (le point G). »

La fréquence de l'éjaculation est, elle aussi, variable. Pour certaines femmes, le phénomène se produit lors de chaque acte sexuel. Pour d'autres, il s'agit d'un phénomène ponctuel. D'autres encore le relient à un cycle qui pourrait bien être en relation avec les phases de la période des menstruations. Ce que l'on peut dire avec assez de certitude donc, c'est que l'éjaculation féminine varie d'une femme à l'autre et l'on ne doit pas relier ce phénomène à une anomalie lorsqu'il se produit ou qu'il ne se produit pas.

Puisque l'éjaculation féminine ne fait généralement pas partie de l'éducation sexuelle donnée aux filles et aux garçons, le phénomène, lorsqu'il se produit au cours d'une relation de couple, provoque des sentiments divers pouvant aller du dégoût à l'extase, de la perplexité à la simple acceptation.

Certaines femmes, même sexagénaires, ont avoué aux chercheurs en la matière, avoir connu l'éjaculation depuis de nombreuses années sans que cela ne vienne perturber leur vie de couple. Bien au contraire, elle représentait un plus puisqu'elle était une manifestation de plaisir qui satisfaisait aussi bien elles-mêmes que leur conjoint.

Pour certaines autres, l'ignorance de ce comportement de la

nature a fait en sorte qu'elles ont dû garder le secret de peur d'être considérées comme anormales. Rappelons que l'éjaculation peut être associée, dans l'esprit de bien des gens, à un problème d'incontinence urinaire. Quand c'est le partenaire qui est ignorant en ce domaine, il peut s'ensuivre des problèmes de couple qui peuvent mener à la rupture. Tout cela, bien souvent, parce que la profession médicale a longtemps hésité et hésite encore, dans bien des cas, à reconnaître cette particularité de la sexualité féminine. La chose serait-elle en train de changer? Il faut l'espérer.

Chapitre 4

L'entraînement du muscle pubo-coccygien

L'éjaculation féminine, comme réponse à la stimulation du point G, est tributaire de la force du muscle pubo-coccygien, un muscle situé entre l'os pubien et le coccyx, qui joue un rôle déterminant dans les réactions aux caresses érotiques.

Le tonus musculaire d'un individu est de toute première importance pour que cet individu en question puisse se comporter naturellement. Cela est vrai pour les muscles des jambes ou des bras, du cou ou des épaules. L'absence d'exercice provoquera un affaiblissement et même une atrophie. Il en va de même pour le muscle pubo-coccygien qui est intimement lié aux fonctions sexuelles et au plaisir.

L'ensemble de ce muscle est tributaire du plexus honteux qui a pour rôle de détecter toute stimulation au niveau du clitoris, des lèvres, de l'ouverture du vagin et de l'anus, et de transmettre les signaux au cerveau. En retour, le plexus honteux transmet les signaux en provenance du cerveau au muscle pubo-coccygien et commande les contractions rythmées qui accompagnent normalement l'orgasme.

Meilleure est la condition du muscle pubo-coccygien, meilleure sera le plaisir lors de l'acte sexuel. Comme tout autre muscle du corps humain, il est possible d'entraîner ce muscle par des exercices appropriés.

Dans les années 1940, le docteur Arnold Kegel fut l'un des premiers à reconnaître l'importance du muscle pubo-coccygien. Il inventa même un instrument destiné à aider les femmes à faire travailler ce muscle. Le «périnéomètre», même s'il représentait un grand pas vers l'avant en la matière, avait des faiblesses de fonctionnement qui firent en sorte qu'il disparut bientôt du marché, remplacé par des appareils plus sophistiqués et des produits pharmaceutiques voués à éliminer les problèmes d'incontinence de stress.

L'anomalie qui affecte le plus souvent le muscle pubo-coccygien est une simple faiblesse qui s'accompagne d'une atrophie. Elle peut être imputable à une descente dans le vagin, de l'utérus, de la vessie ou du rectum à cause d'une insuffisance musculaire. De plus, selon des recherches récentes, il semble évident qu'une faiblesse du muscle peut être en partie responsable du fait qu'une femme n'atteigne pas l'orgasme lors des rapports amoureux.

Or, notre culture a tendance à enseigner, aux femmes principalement, à négliger les sensations au niveau du bassin. En apprenant à écarter tout ce qui concerne les choses du sexe, nous prenons l'habitude d'ignorer les signaux qui devraient nous permettre de contrôler le muscle pubo-coccygien.

votre estomac, vos fesses et vos cuisses bougent, c'est que vous n'avez pas isolé le pubo-coccygien. Il vous faut apprendre à le bouger indépendamment des autres muscles pour améliorer son efficacité. Plus il sera auto-nome, plus l'entraînement sera fructueux.

Dans une deuxième étape, écartez les jambes de façon à en-trouvrir l'entrée du vagin. En con-tractant et en relâchant le muscle, vous observerez un mouvement d'ouverture et de fermeture de l'entrée du vagin. Cela vous per-mettra d'évaluer votre capacité de contrôle ainsi que la force du mus-cle.

Troisième étape, utilisez vos doigts pour explorer votre vagin.

Il est relativement facile de localiser votre muscle en introduisant un doigt dans le vagin. Toujours en contractant et en relâchant le muscle, vous devriez le sentir tout autour, sous la surface, à une profondeur de trois à six centimètres de l'ouverture.

Vous pouvez maintenant passer à l'expérience suivante en introduisant deux doigts collés l'un à l'autre aussi profondément que vous le pouvez sans que ce soit douloureux. Écartez ensuite les doigts en ciseaux et, en contractant le muscle, essayez de forcer vos doigts à revenir l'un vers l'autre. Si vous y parvenez, c'est parfait.

Ces deux dernières étapes peuvent se pratiquer en compagnie d'un partenaire. Essayez d'évaluer la force du muscle et de sentir si certaines régions du vagin sont plus sensibles que d'autres.

Si vous constatez que votre muscle répond faiblement à vos contractions, il est possible de l'éduquer en pratiquant certains exercices conseillés par le docteur Kegel.

Les exercices de Kegel

Vous pouvez faire travailler le muscle pubo-coccygien avec ou sans l'aide d'un gadget comme un vibromasseur ou un pénis en plastique. L'utilisation d'un tel appareil, bien que non essentielle, donnera de meilleurs résultats.

Pour obtenir de bons résultats, il faudra consacrer une bonne quinzaine de minutes chaque jour jusqu'à ce que vous en soyez en parfait contrôle.

Après avoir introduit le gadget dans le vagin, serrez le muscle pendant trois secondes puis relâchez-le pendant une période égale. Répétez l'opération une dizaine de fois et augmentez progressivement le temps de contraction et de relaxation au fur et à mesure que votre force et votre endurance vous le permettront. Vous devriez parvenir à atteindre les dix secondes.

Après avoir réalisé votre série de dix contractions et dix relaxations, faites de petits mouvements rapides du muscle. Serrez et relâchez aussi vite que possible durant quelques minutes.

Si l'utilisation d'un gadget vous rebute, il est possible de s'en priver tout en obtenant d'excellents résultats. Il y aurait même un avantage puisque l'exercice pourrait se réaliser à peu près n'importe où et n'importe quand sans que votre entourage ne s'en rende compte. Il s'agit de faire les mêmes contractions et relaxations par contrôle mental.

Les conséquences normales d'un muscle bien entraîné

Les exercices développés par Kegel dans les années 1940 et 1950 avaient pour but premier d'aider les femmes connaissant des problèmes d'incontinence de stress. Il découvrit bientôt que le renforcement du muscle pubo-coccygien et l'amélioration de son contrôle enrichissaient chez plusieurs d'entre elles les réactions sexuelles. Après avoir expérimenté les exercices, certaines connurent l'orgasme pour la première fois.

À partir du moment où une personne commence à prendre conscience de ses muscles pelviens, un déclenchement de sensations intenses est fort probable. Il est donc important de savoir que si vous pratiquez ces exercices, il se peut, et c'est tant mieux, que vous découvriez, vous aussi, une excitation sexuelle inattendue. Si votre partenaire n'est pas effrayé par ce soudain appétit, chacun y trouvera son compte. Autrement, il s'agira pour vous d'avoir recours à la masturbation qui n'est pas, soit dit en passant, une perversion. Elle doit être considérée comme une activité naturelle et plaisante.

Il fallut attendre près de trente ans avant de connaître des données scientifiques témoignant de la relation entre la force du muscle pubo-coccygien et l'aptitude à l'orgasme. On doit cette recherche au docteur Benjamin Graber qui recueillit des données auprès de 281 femmes. Il en conclut que plus leurs muscles étaient forts, plus les femmes avaient de chances de connaître l'orgasme vaginal. Il découvrit également que les femmes qui éjaculaient au moment de l'orgasme avaient un muscle pubo-coccygien plus fort que celles qui n'éjaculaient pas.

On peut donc en conclure, et les études d'Alice et Harold Ladas sont là pour le confirmer, que si les muscles pelviens sont suffisamment forts et souples pour travailler librement, le point G et le clitoris ont plus de chances d'être stimulés lors des rapports intimes.

Chapitre 5

Qu'est-ce que l'orgasme?

La sexualité humaine n'est pas une faculté simple. Que l'on soit homme ou femme, occidental ou oriental, de l'hémisphère nord ou sud, catholique, bouddhiste ou athée, nos manifestations varieront de peu ou de beaucoup selon notre culture, notre âge et notre expérience personnelle. On ne peut pas ne pas tenir compte de toutes ces données (...et de bien d'autres encore) lorsque l'on fait l'étude des comportements sexuels.

Prenons seulement pour exemple l'homosexualité. Longtemps considérée comme une perversion, elle est, aujourd'hui, admise comme naturelle dans nos sociétés occidentales et par presque tout le monde. Ce fait a permis aux gais et aux lesbiennes (ou tout au moins à beaucoup d'entre eux et elles) de vivre plus ouvertement leur sexualité et de mettre de côté les préjugés que leur imposait la société.

En résistant à la tentation de chercher la voie normale et la solution saine, il devient possible de mieux vivre sa sexualité en éprouvant un plaisir et un assouvissement profonds.

En matière de biologie humaine, on a longtemps erré en essayant de définir ce qu'est l'orgasme, ce qui le provoque et comment il se manifeste. Des «experts» comme Kinsey et Masters et Johnson ont voulu généraliser en affirmant, pour le premier, que le clitoris était le foyer principal de la sensibilité féminine et, pour les deux autres, que les orgasmes étaient fondamentalement identiques. Quand Alice et Harold Ladas voulurent défendre le principe du «continuum de l'orgasme», ils se butèrent tout d'abord aux conventions établies. Ils venaient de remettre, de plus, en question la théorie bioénergétique voulant que l'orgasme soit d'origine vaginale, qu'il impliquait tout le corps et qu'il devait être simple et non multiple.

Les continuums de l'orgasme

L'orgasme, tel qu'on le définit aujourd'hui, fait partie d'un pro-

cessus impliquant plusieurs conti-
nuums différents.

Le premier de ceux-ci concerne la région du corps humain qui
déclenche les réactions. Chez la
femme, ce sera le clitoris, le point
de Gräfenberg ou d'autres parties
du corps qui resteraient encore à
découvrir. En outre, la plupart des
femmes qui admettent éjaculer di-
sent que les orgasmes accompa-
gnés d'une éjaculation produisent
des sensations différentes de ceux
qui résultent d'une stimulation clitoridienne.

Un second continuum impli-
que le type de réponse qui résulte
de la stimulation. L'activité phy-
siologique n'est pas toujours la
même d'une personne à l'autre.

Certaines femmes connaîtront un seul et unique orgasme au cours d'un rapport sexuel tandis que d'autres en vivront plusieurs.

Les sentiments qui accompagnent l'orgasme varieront aussi selon les personnes, leur éducation et leur culture. Ils peuvent aller de la haine au dégoût, de la colère à la peine ou de l'amour à l'extase.

Enfin, quatrième continuum dont il faut tenir compte : le rapport à la personne ou à l'objet avec lequel on entretient une relation érotique. On peut préférer l'auto-érotisme, l'homosexualité ou l'hétérosexualité. Autant de choix, ponctuels ou permanents, qui viendront modifier la réponse orgasmique.

On le voit donc, le processus qui mène à l'orgasme et l'orgasme lui-même peuvent être très différents d'une personne à l'autre et dépendent de considérations d'ordres biologique, culturel et amoureux.

Il est inutile d'entrer dans les détails physiques qui concernent les relations entre les organes et le système nerveux, relié au cerveau, qui déclenchent l'orgasme. Il est plus important de dire que chaque femme est différente et qu'il revient à chaque femme de connaître son corps, ses réactions et sa démarche préférée. Rien, ou presque, ne devrait être considéré comme «contre-nature» dans la recherche du plaisir sexuel.

Jouissance et orgasme

Dans le langage populaire comme d'ailleurs en matière de sexologie traditionnelle, les mots «jouissance» et «orgasme» sont souvent confondus et réfèrent à une même réalité. On devrait plutôt les considérer comme deux phénomènes distincts qui s'inscrivent dans un même continuum.

Selon Wilhelm Reich, la jouissance est une sensation érotique localisée à la partie des organes génitaux et du bassin tandis que l'orgasme met en jeu l'ensemble de la musculature du sujet. La jouissance représente donc une libération des tensions sexuelles tandis que l'orgasme se manifeste par une satisfaction plus profonde

81

qui met en cause tout le corps. Elle envahit la tête, les membres supérieurs et les membres inférieurs, parfois même tout le reste du corps et déclenche des sentiments d'amour très profonds ou de la tristesse. Cela explique le fait que, souvent, une relation sexuelle comblée se terminera dans une joie intense ou dans les larmes.

Les sensations sexuelles sont uniques et la manière dont réagit chaque personne est unique elle aussi. Pour certaines, la jouissance sera des plus satisfaisantes et elles ne se feront pas de drame parce qu'elles n'atteignent pas l'orgasme. Et c'est très bien ainsi. Vouloir essayer de ressentir les émotions souvent décrites dans les livres ou illustrées au cinéma, ne fera que perturber la plénitude du plaisir déjà connu.

En guise de conclusion

Tout rapport sexuel doit être une source de plaisir et non une recherche de performance. Le seul but visé vraiment valable doit être le plaisir, la jouissance, la découverte de soi-même et de l'autre et le partage de sentiments et de sensations.

Les informations contenues dans ce livre ne doivent pas engendrer, chez vous, des pressions supplémentaires. Elles risqueraient d'être néfastes à votre vie personnelle et à votre vie de couple. La découverte du point G et de l'éjaculation ne doivent pas être considérées comme un summum de plaisir auquel chacun doit viser.

Dans le plaisir sexuel, il n'y a pas de normes qui indiquent ce qui doit être atteint. À chacun et chacune de trouver la satisfaction sans regretter de ne pas connaître des sensations considérées, souvent à tort, comme supérieures.

La sexualité est l'une des grandes composantes de la vie de tout être humain. Elle ne se limite pas aux sensations génitales mais inclut aussi le toucher, l'étreinte et, par-dessus tout peut-être, l'amour. Si la satisfaction physique n'est pas atteinte, il faudrait peut-être s'interroger aussi sur ces éléments. L'intensité des liens affectifs avec son partenaire est l'aspect le plus important d'une relation. Elle vient bien avant le degré de réactions orgasmiques.

Combien de couples ont mis fin à leur relation sous prétexte que l'un ou l'autre, parfois les deux, n'était pas comblé dans sa vie sexuelle? Au lieu de construire leur présent et leur avenir sur des acquis positifs, ils se sont mis à la recherche du «mieux» pour découvrir, une fois encore, qu'ils n'atteindront jamais la plénitude. La plénitude est un absolu, et on n'accède pas à un absolu. C'est une erreur coûteuse qu'il faudrait éviter. Mieux vaut travailler dans le domaine du possible et du réalisable.

Il faut toujours garder à l'esprit que chacun est différent et, qu'avec le temps, notre corps subit des changements qu'il faut apprendre à percevoir, à connaître et à apprivoiser. À chacun d'en être conscient et de faire en sorte de s'adapter à toute nouvelle situation pour vivre heureux.